团 体 标 准

在役公路隧道长期监测技术指南

Technical Guideline for Long-Term Monitoring of Operational Highway Tunnel

T/CHTS 10021—2020

主编单位：同济大学
发布单位：中国公路学会
实施日期：2020 年 5 月 18 日

人民交通出版社股份有限公司
北　京

图书在版编目(CIP)数据

在役公路隧道长期监测技术指南：T/CHTS 10021—2020 / 同济大学主编. — 北京：人民交通出版社股份有限公司，2020.4

ISBN 978-7-114-16293-0

Ⅰ. ①在… Ⅱ. ①同… Ⅲ. ①公路隧道—监测—技术—指南 Ⅳ. ①U459.2-62

中国版本图书馆 CIP 数据核字(2020)第 014193 号

标准类型：	团体标准

Zaiyi Gonglu Suidao Changqi Jiance Jishu Zhinan

标准名称：	在役公路隧道长期监测技术指南
标准编号：	T/CHTS 10021—2020
主编单位：	同济大学
责任编辑：	郭红蕊　韩亚楠
责任校对：	赵媛媛
责任印制：	刘高彤
出版发行：	人民交通出版社股份有限公司
地　　址：	(100011)北京市朝阳区安定门外外馆斜街 3 号
网　　址：	http://www.ccpress.com.cn
销售电话：	(010)59757973
总 经 销：	人民交通出版社股份有限公司发行部
经　　销：	各地新华书店
印　　刷：	北京市密东印刷有限公司
开　　本：	880×1230　1/16
印　　张：	3
字　　数：	75 千
版　　次：	2020 年 4 月　第 1 版
印　　次：	2020 年 4 月　第 1 次印刷
书　　号：	ISBN 978-7-114-16293-0
定　　价：	220.00 元

(有印刷、装订质量问题的图书由本公司负责调换)

中国公路学会文件

公学字〔2020〕13 号

中国公路学会关于发布《在役公路隧道长期监测技术指南》的公告

现发布中国公路学会标准《在役公路隧道长期监测技术指南》（T/CHTS 10021—2020），自 2020 年 5 月 18 日起实施。

《在役公路隧道长期监测技术指南》（T/CHTS 10021—2020）的版权和解释权归中国公路学会所有，并委托主编单位同济大学负责日常解释和管理工作。

中国公路学会

2020 年 4 月 27 日

T/CHTS 10021—2020

前 言

为规范在役公路隧道的长期监测工作,对在役公路隧道长期监测技术进行广泛调研、专题研究及大量工程实践的基础上,参考有关国内外标准编制了本指南。

本指南按照《中国公路学会标准编写规则》(T/CHTS 10001)编写,共分为6章,5个附录,主要内容包括:总则、术语、基本规定、监测项目、监测技术要求、数据分析与管理等。

本指南实施过程中,请将发现的问题和意见、建议反馈至同济大学(地址:上海市杨浦区四平路1239号岩土大楼705室;联系电话:021-65985140/13918874336;电子邮箱:liuxuezeng@tongji.edu.cn),供修订时参考。

本指南由同济大学提出,受中国公路学会委托,由同济大学负责具体解释工作。

主编单位:同济大学

参编单位:重庆交通大学、江西省高速公路投资集团有限公司、上海同岩土木工程科技股份有限公司、交通运输部公路科学研究院、贵州高速公路集团有限公司、上海同济检测技术有限公司、浙江省交通规划设计研究院有限公司

主要起草人:刘学增、朱合华、林志、俞文生、王学坤、石大为、桑运龙、王晓形、许崇帮、师刚、李永明、张龙生、孙州、吴建勋、李明、张强、牛冰艳

主要审查人:胡滨、王华牢、李伟平、周海涛、梁波、韩直、郭小红、石新栋、韩亚楠、蒋树屏

T/CHTS 10021—2020

目　次

1 总则 ·· 1
2 术语 ·· 2
3 基本规定 ··· 3
4 监测项目 ··· 5
　4.1 一般规定 ··· 5
　4.2 重大结构病害或隐患 ·· 5
　4.3 严重不良地质地段 ··· 7
5 监测技术要求 ··· 8
　5.1 一般规定 ··· 8
　5.2 裂缝 ··· 8
　5.3 渗漏水 ·· 12
　5.4 衬砌起层剥落 ··· 13
　5.5 路面与仰拱隆沉 ·· 13
　5.6 严重不良地质地段 ··· 14
　5.7 监测频率 ··· 14
6 数据分析与管理 ·· 16
　6.1 一般规定 ··· 16
　6.2 数据分析 ··· 16
　6.3 预警 ··· 17
　6.4 资料管理 ··· 18
附录 A　监测仪器和传感器选用表 ··· 20
附录 B　监测仪器和传感器档案表 ··· 22
附录 C　监测断面与测点编号 ··· 23
附录 D　测点布置与监测装置图 ·· 24
附录 E　监测报表 ·· 27
用词说明 ·· 37

在役公路隧道长期监测技术指南

1 总则

1.0.1 为掌握在役公路隧道结构技术状况,规范长期监测技术,制定本指南。

条文说明:随着我国公路隧道快速发展,隧道运营规模不断增加,由病害带来的结构安全问题日益突出;通过监测掌握结构的技术状况,及时采取养护措施保障结构运营安全十分必要。近年来针对病害特征、结构受力变形的长期监测技术已被广泛应用。现行《公路隧道养护技术规范》(JTG H12)指出"严重不良地质地段、重大结构病害或隐患处,宜开展运营期长期监测",但未规定实施长期监测的技术标准。本指南从长期监测实施条件、监测项目、监测方法等方面规范长期监测技术,指导长期监测实施,掌握隧道结构技术状况,为隧道养护维修提供支撑。

1.0.2 本指南适用于钻爆法修建的在役公路隧道。

条文说明:本指南中钻爆法修建的公路隧道指结构形式采用整体式衬砌或复合式衬砌的公路隧道。

1.0.3 公路隧道长期监测应积极采用新技术、新设备、新工艺。

条文说明:随着信息化、智能化技术的发展与应用,长期监测应积极采用信息化或智能化手段,提高长期监测技术水平。

1.0.4 除应符合本指南的规定外,尚应符合有关法律、法规及国家、行业现行有关标准的规定。

2 术语

2.0.1 长期监测 long-term monitoring

对在役公路隧道重大结构病害或隐患、严重不良地质地段进行较长时间的多次或连续性观测与分析。

2.0.2 长期监测等级 long-term monitoring grade

为实施差异化的长期监测项目、方法、频率等,根据土建结构技术状况值、隐患和严重不良地质条件划分的监测级别。

2.0.3 病害监测 disease monitoring

对隧道土建结构病害特征及变化进行的观测与分析。

2.0.4 变形监测 deformation monitoring

对隧道土建结构、围岩和周边环境等变形进行的观测与分析。

2.0.5 受力监测 mechanical monitoring

对隧道土建结构应力应变及外荷载进行的观测与分析。

2.0.6 监测项目预警值 alarming value for monitoring

为满足隧道土建结构安全控制要求,掌握监测对象的状态,针对各监测项目的监测数据日变化量或累计变化量所设定的阈值。

3 基本规定

3.0.1 隧道重大结构病害或隐患、严重不良地质地段，宜实施长期监测。

条文说明：重大结构病害指隧道洞口、洞门、衬砌、路面等土建结构存在的可能影响、已影响或已危及行人行车安全的裂缝、渗漏水、衬砌起层剥落、路面和仰拱隆沉等现象。隐患指施工期出现塌方、大变形、突涌水的地质地段或二次衬砌厚度、强度、背后空洞等存在的可能影响结构安全的现象。严重不良地质地段指隧道穿越的大中型断裂带、岩溶发育区、强膨胀性围岩、高地应力软岩、湿陷等级Ⅲ级及以上的湿陷性黄土、融沉Ⅲ级及以上的多年冻土、冻胀Ⅲ级及以上的季节性冻土、海底风化槽，或高水压、河床冲淤剧烈、严重偏压的地质地段。

3.0.2 宜根据区段土建结构技术状况值、隐患和严重不良地质，逐洞、逐段划分监测等级，分级标准宜按表3.0.2执行。

表3.0.2 长期监测等级划分标准

严重不良地质	隐患	区段土建结构技术状况值			
		1	2	3	4
无	无	一级	一级	二级	三级
	有	一级	二级	三级	三级
有	无	一级	二级	三级	三级
	有	二级	三级	三级	三级

注：隐患或严重不良地质地段未出现病害时，长期监测可按一级监测等级实施。

3.0.3 应按现行《公路隧道养护技术规范》(JTG H12)评定土建结构技术状况值，取区段内的最大值确定区段土建结构技术状况值。

条文说明：根据结构单元划分区段，区段内存在多种病害时取技术状况值的最大值作为该区段土建结构技术状况值，按表3.0.2确定监测等级。

3.0.4 监测要求宜按表3.0.4执行。

表3.0.4 监测要求

监测等级	监测内容与方法
一级	病害特征监测为主，结构变形、受力监测为辅； 人工监测为主
二级	病害特征、结构变形、受力监测为主，围岩或周边环境监测为辅； 采用专业监测设备，重要监测项目实施自动化监测
三级	同时开展病害特征、结构变形、受力以及围岩或周边环境监测； 病害的关键参数及结构变形、受力等监测项目实施自动化监测

3.0.5 长期监测应编制监测方案，包括监测项目、监测方法等内容。

3.0.6 长期监测项目应能反映病害、土建结构状态及变化特征。

3.0.7 监测方法应合理易行，满足对病害特征、土建结构受力和变形分析的要求，且不应影响结构正常受力和使用。

3.0.8 施工期预埋的监测仪器和传感器符合长期监测需要的,宜继续使用。

3.0.9 长期监测宜收集使用施工期、运营期的相关监测数据。

3.0.10 长期监测现场工作应采取有效措施,保障人员安全,减少交通干扰。

4 监测项目

4.1 一般规定

4.1.1 长期监测项目、范围和断面间距应根据监测等级、工程特点、结构安全要求等合理确定。

4.1.2 宜根据结构病害或隐患、不良地质合理确定监测范围和断面间距,并符合下列规定:

1 监测范围应覆盖重大结构病害或隐患、严重不良地质地段,并宜沿隧道轴线向两端各延伸1~3倍隧道洞宽。

2 一级、二级监测断面间距可取10~30m;三级监测断面间距可取5~10m。

3 同一监测区段,监测断面不宜少于2个。

4.2 重大结构病害或隐患

4.2.1 应根据病害类型、成因和监测等级等综合确定监测项目。

4.2.2 裂缝监测项目应按下列规定执行:

1 裂缝监测项目应符合表4.2.2-1的规定。

表4.2.2-1 裂缝监测项目

监测项目	监测等级		
	一级	二级	三级
裂缝位置、方向、长度、宽度、错台位置、错台量	应测	应测	应测
周边位移	宜测	应测	应测
拱顶下沉	宜测	应测	应测
衬砌应力	可测	宜测	应测

2 洞门裂缝监测项目应符合表4.2.2-2的规定。

表4.2.2-2 洞门裂缝监测项目

监测项目	监测等级		
	一级	二级	三级
裂缝位置、方向、长度、宽度、错台位置、错台量	应测	应测	应测
洞门位移	可测	宜测	应测

3 外力或地基承载力不足等诱发的裂缝,除应符合表4.2.2-1、表4.2.2-2的规定外,还宜按表4.2.2-3的规定增加监测项目。

表 4.2.2-3 根据裂缝成因增加的监测项目

监测项目	裂缝成因	监测等级		
		一级	二级	三级
洞口边仰坡变形	洞口偏压或地层滑移	可测	宜测	应测
隧道整体位移		可测	宜测	应测
地层水平位移		可测	宜测	宜测
墙脚沉降	地基承载力不足、偏压	宜测	应测	应测
水压力	高水压	可测	宜测	应测
围岩温度	冻胀力	可测	宜测	应测

4.2.3 渗漏水监测项目应符合表 4.2.3 的规定。

表 4.2.3 根据渗漏水现象或地质条件确定的监测项目

监测项目	渗漏水现象或地质条件	监测等级		
		一级	二级	三级
渗漏水位置、面积、水量、浑浊状态、pH 值	—	应测	应测	应测
水质	渗漏水引起衬砌材质劣化、钢筋腐蚀或出现溶蚀物	应测	应测	应测
水压力	涌流或喷射;施工期突涌水地段、岩溶发育区、富水破碎带、水下隧道	宜测	应测	应测
周边位移	施工期突涌水、塌方和大变形地段;岩溶发育区、富水破碎带、水下隧道	可测	宜测	应测
拱顶下沉		可测	宜测	应测
衬砌应力		可测	宜测	应测

4.2.4 衬砌起层剥落监测项目应符合表 4.2.4 的规定。

表 4.2.4 衬砌起层剥落监测项目

监测项目	起层剥落成因	监测等级		
		一级	二级	三级
衬砌起层剥落位置、面积、深度	外力、材质劣化等	应测	应测	应测
周边位移	外力	应测	应测	应测
拱顶下沉		可测	宜测	应测
衬砌应力		宜测	应测	应测

4.2.5 路面与仰拱隆沉监测项目应符合表 4.2.5 的规定。

表 4.2.5　路面与仰拱隆沉监测项目

监测项目	路面与仰拱隆沉成因	监测等级		
		一级	二级	三级
路面隆沉	膨胀性围岩、冻胀力、高水压等	应测	应测	应测
仰拱隆沉		宜测	应测	应测
周边位移		可测	宜测	应测
墙脚沉降		可测	宜测	应测
水压力	高水压	宜测	应测	应测
围岩温度	冻胀力	可测	宜测	应测

4.2.6　隐患处出现病害时,应按本指南第3.0.2条的规定确定监测等级,并按本指南第4.2.2条～第4.2.5条的规定确定监测项目。

4.3　严重不良地质地段

4.3.1　严重不良地质地段监测项目宜符合表4.3.1的规定。

表 4.3.1　严重不良地质地段监测项目

监测项目	严重不良地质类型	监测要求
周边位移	大中型断裂带、岩溶发育区、强膨胀性围岩、高地应力软岩、湿陷等级Ⅲ级及以上的湿陷性黄土、融沉Ⅲ级及以上的多年冻土、冻胀Ⅲ级及以上的季节性冻土、海底风化槽,或高水压、河床冲淤剧烈、严重偏压的地质地段	宜测
拱顶下沉		宜测
衬砌应力		宜测
水压力	岩溶发育区、海底风化槽、河床冲淤剧烈、高水压	宜测
围岩温度	融沉Ⅲ级及以上的多年冻土、冻胀Ⅲ级及以上的季节性冻土	宜测

5 监测技术要求

5.1 一般规定

5.1.1 应根据监测等级、项目选用不同的监测方法、精度和频率。

5.1.2 一级监测等级可采用人工监测，二级、三级监测等级宜采用自动化监测。

5.1.3 人工监测按下列规定执行：

1 同一监测项目宜采用同一精度的监测仪器和传感器，在相同时段和环境条件下实施监测。

2 监测结果应为连续3次观测稳定值的平均值。

5.1.4 自动化监测按下列规定执行：

1 宜选用同一类型的监测仪器和传感器。

2 供电应稳定可靠，并具备断电报警功能。

3 数据管理系统应具备数据存储、异常数据剔除、统计分析、曲线图表生成、趋势预测、预警反馈、报告报表自动生成等功能。

4 监测过程中应定期进行数据校准。

5.1.5 测点布置按下列规定执行：

1 同一监测范围内不同监测项目的测点，宜布置在同一断面。

2 同一断面，受力变形测点宜对称布置。

3 易损坏测点应加设保护装置。

4 测点应布设牢固、标识清楚。

条文说明：测点对称布置，一方面可避免测点损坏造成的数据不全或丢失，另一方面当地形地质存在偏压时，更有利于了解偏压情况。当同一区段内存在多个监测项目时，宜将不同监测项目的测点布置在同一断面上，以便对监测数据进行对比，分析不同监测项目间的相关性。

5.1.6 监测仪器和传感器符合下列规定：

1 应满足监测精度和量程要求。

2 性能应稳定可靠，重复性好，漂移、滞后误差小。

3 监测仪器应定期进行检定、校准、维护、保养。

4 监测传感器使用寿命应满足使用要求，使用前应进行标定。

5 监测仪器和传感器可根据监测项目选取，参考本指南附录A。

6 监测仪器和传感器应建立信息档案，参考本指南附录B。

5.1.7 监测断面、测点、仪器和传感器宜统一编号，可参考本指南附录C。

5.2 裂缝

5.2.1 监测前应对监测裂缝统一编号，记录裂缝的位置、宽度、长度、方向、环境温度以及初测日期等。

5.2.2 裂缝位置测点宜布置在裂缝最宽处,可采用钢卷尺等测量裂缝最宽处与墙底线的距离。

5.2.3 裂缝方向宜采用量角器、罗盘等进行测量。

条文说明: 采用裂缝始末端连线与墙底线的夹角作为裂缝方向。

5.2.4 裂缝长度采用下列方法和要求实施监测:

1 人工监测可采用钢卷尺等直接量测,也可采用成像设备进行摄影量测。

2 自动化监测宜采用成像设备进行摄影量测。

3 采用钢卷尺监测时,应在裂缝始末端布置监测标志,监测标志应标注可供量测的固定点。

4 采用成像设备监测时,应设置具有标定功能的参照物。

5 监测精度不宜低于 10mm。

5.2.5 裂缝宽度采用下列方法和要求实施监测:

1 测点宜布置在裂缝最宽处,可参考本指南附录 D.0.1。

2 人工监测可采用千分尺、游标卡尺、千分表、裂缝计、位移计、测宽仪等进行监测,也可采用成像设备进行摄影量测。

3 自动化监测可采用裂缝计、位移计、测宽仪接入自动化数据采集仪进行监测,也可采用成像设备进行摄影量测;监测前应先采用人工监测方法确定裂缝宽度,作为自动化监测的初始值。

4 采用千分尺或游标卡尺监测时,宜在裂缝最宽处两侧贴、埋监测标志,监测标志应标注可供量测的固定点。

5 采用裂缝计、位移计、测宽仪监测时,宜进行温度修正。

6 采用成像设备监测时,宜设置具有标定功能的参照物。

7 监测精度不宜低于 0.1mm。

5.2.6 错台位置测点宜布置在错台量最大处,错台量采用下列方法和要求实施监测:

1 不宜少于 1 个测点。

2 人工监测可采用测缝计、位移计监测,也可采用游标卡尺直接量测。

3 自动化监测宜采用测缝计、位移计监测。

4 监测精度不宜低于 0.1mm。

5.2.7 周边位移采用下列方法和要求实施监测:

1 监测断面宜与隧道轴线垂直,每断面不应少于 3 条测线,测点应布置在拱顶、两侧墙脚,可参考本指南附录 D.0.2。

2 人工监测宜采用收敛计、激光测距仪、全站仪、激光断面仪或三维激光扫描仪。

3 自动化监测宜采用激光测距仪、测量机器人、成像设备或巴塞特收敛系统。

4 采用收敛计监测时,测点安装后应进行测点与收敛计接触点的符合性检查,监测时应施加收敛计标定时的拉力。现场温度变化较大时,应进行温度修正。

5 采用激光测距仪监测时，宜在监测断面设置瞄准标志。隧道侧壁粗糙时，瞄准标志宜采用反射片，且应保持反射片清洁。

6 采用全站仪或测量机器人监测时，在测点处固定小棱镜或设置反射片，应按盘左、盘右两个盘位监测至少一个测回，计算各测点和测线周边位移，基准点不便直接观测时，宜在稳固可靠的位置布设至少2个工作基点，并定期进行校核。

7 采用激光断面仪、三维激光扫描仪监测时，宜沿隧道轴线设置测站，监测断面应与隧道轴线垂直，测点间距不宜大于5°，并根据测点数据拟合隧道轮廓曲线，与上次测得的隧道轮廓曲线进行比较，计算各测点和测线周边位移。

8 采用成像设备监测时，成像设备宜安装在不随断面变形的固定位置，测点便于识别，成像设备应防水、防尘、防震等。

9 采用巴塞特收敛系统监测时，相邻测点间应安装一组观测臂，观测臂应首尾相接。

10 监测精度不宜低于0.5mm。

5.2.8 拱顶下沉采用下列方法和要求实施监测：

1 监测断面应与周边位移布置在同一断面，测点布置在拱顶轴线附近；大断面隧道宜适当增加测点；测点应安装牢固。可参考本指南附录D.0.2。

2 监测网可采用假定高程系统，基准点较远或不便直接观测时，可布设工作基点，工作基点不应少于2个，且宜位于稳固可靠的位置，并定期进行校核；测点宜与基准点或工作基点组成闭合线路或附合水准线路。

条文说明：测量期间应定期根据基准点对工作基点的高程进行校核。

3 人工监测宜采用水准仪、全站仪，自动化监测宜采用测量机器人。

4 采用水准仪监测时，水准仪视准轴与水准管轴的夹角不宜大于20″。

5 采用全站仪或测量机器人监测时，监测技术要求应符合本指南第5.2.7条第6款的规定。

6 监测精度不宜低于0.5mm。

5.2.9 墙脚沉降采用下列方法和要求实施监测：

1 测点宜在两侧墙脚对称布置；与周边位移、拱顶下沉同时监测时，应布置在同一监测断面。

2 监测网、基准点、工作基点的布设应符合本指南第5.2.8条第2款的规定。

3 人工监测宜采用水准仪、全站仪；自动化监测宜采用测量机器人、静力水准仪。

4 采用水准仪监测时，应符合本指南第5.2.8条第4款的规定。

5 采用全站仪或测量机器人监测时，监测技术要求应符合本指南第5.2.7条第6款的规定。

6 采用静力水准仪监测时，应定期检校；结合起始点高程水准测量结果，计算各测点沉降量。高差大于0.5m的区段宜采用压差式静力水准仪，高差小于0.5m的区段宜采用液位式静力水准仪。高差较大时，应设置转点分段监测；严寒或温差较大地区应在仪器内注入防冻液，并具备测温功能。

7 监测精度不宜低于0.5mm。

5.2.10 洞口边仰坡变形采用下列方法和要求实施监测：

1 应监测边仰坡地表的竖向和水平位移。

2 监测断面宜布置1～3个，断面间距5～50m，每断面不应少于3个测点，连拱隧道、单洞三车道及以上的大断面隧道测点可适当加密。测点布置可参考本指南附录D.0.3。

3 水平位移监测网可采用假设坐标系统，并一次布网；竖向位移监测网可采用假定高程系统。基准点较远或不便直接观测时，可布设工作基点，工作基点不应少于2个，且宜位于稳固可靠的位置，并定期根据基准点对工作基点进行校核。

4 水平位移可采用全站仪、经纬仪进行人工监测，监测方法宜为小角法、极坐标法、边角交会法等；也可采用测量机器人进行自动化监测。监测精度不宜低于1mm。

5 竖向位移可采用水准仪进行人工监测，监测技术要求应符合本指南第5.2.8条第4款的规定；也可采用全站仪或测量机器人进行监测。监测精度不宜低于1mm。当测点与基准点无法通视、距离较远或监测精度要求不高时，可采用GPS（全球定位系统）、北斗卫星进行自动化监测。

6 测量机器人测站视野应开阔无遮挡，周围应设置防水、防尘设施和安全警示标志，且应符合本指南第5.2.7条第6款的规定。

7 采用GPS或北斗卫星等新技术监测时，应进行拟合高程和平面控制测量，拟合高程测量宜与平面控制测量一起进行。

5.2.11 隧道整体位移采用下列方法和要求实施监测：

1 应监测拱顶、墙脚竖向和水平位移。

2 每个监测断面不应少于3个测点，墙脚测点对称布置，测点布置可参考本指南附录D.0.4。

3 监测网、基准点和工作基点的布设应符合本指南第5.2.10条第3款的规定。

4 水平位移可采用全站仪、经纬仪进行人工监测，监测技术要求应符合本指南第5.2.10条第4款的规定。也可采用测量机器人进行自动化监测，监测技术要求应符合本指南第5.2.7条第6款的规定。

5 竖向位移可采用水准仪进行人工监测，监测技术要求应符合本指南第5.2.8条第4款的规定，也可采用全站仪或测量机器人进行监测，监测技术要求应符合本指南第5.2.7条第6款的规定。

6 监测精度不宜低于1mm。

5.2.12 洞门位移采用下列方法和要求实施监测：

1 应监测洞门竖向位移、水平位移和倾斜度。

2 应在洞门顶、底各布设不少于3个测点，上、下测点应在同一竖直线上。

3 竖向和水平位移监测网、基准点、工作基点应符合本指南第5.2.10条第3款的规定。可采用全站仪或测量机器人进行监测，监测技术要求应符合本指南第5.2.7条第6款的规定；也可采用水准仪、经纬仪分别监测竖向和水平位移，监测技术要求应符合本指南第5.2.8条第4款和第5.2.10条第4款的规定。监测精度不宜低于1mm。

4 倾斜度可采用激光或光学垂准仪进行人工监测，顶底测点应通视，照准精度不宜低于1mm；也可采用倾斜仪进行自动化监测，监测精度不宜低于0.01°。

5.2.13 地层水平位移采用下列方法和要求实施监测：

1 应至少布置一个测孔，测孔深度宜穿过潜在滑动面并进入稳定层，每测孔不应少于3个测点，测点布置可参考本指南附录 D.0.5。

  2 人工监测可采用滑动式测斜仪，自动化监测应采用固定式测斜仪。

  条文说明：测斜仪一般包括测斜管、探头、电缆和读数仪等。

  3 测斜仪系统精度不宜低于 0.25mm/m。

  4 测斜管埋设时应保持竖直，导槽方向应与所需测量的位移方向保持一致。

  5 测斜仪探头放入测斜管底后，应待探头接近管底温度时再测量。每个测点均应进行正、反两次量测，并取平均值作为最终值。

  6 计算地层水平位移时，应确定固定起算点，固定起算点可设在测斜管的顶部或底部；当测斜管底部未进入稳定岩土体或已发生位移时，应以管顶为起算点，并测量管顶的平面坐标修正地层水平位移，管顶平面坐标测量应符合本指南第 5.2.10 条第 4、5 款的规定。

5.2.14 衬砌应力采用下列方法和要求实施监测：

  1 测点宜布置在拱顶、拱腰、墙脚等部位，对称布置 3~7 个，测点布置可参考本指南附录 D.0.6。

  2 宜采用表面应变计监测，量程宜取设计值的 2 倍。监测精度不宜低于 0.01MPa。监测数据应进行温度修正。

  条文说明：根据监测环境、精度等要求，可采用振弦式、电阻式或光纤光栅式的表面应变计。

5.2.15 水压力采用下列方法和要求实施监测：

  1 测点位置宜根据监测需要布置。

  2 宜采用钻孔安装水压力表的方式进行监测。钻孔前应安装孔口管和防喷装置，孔口管与衬砌黏结应满足强度与防水要求，防喷装置应具有良好的密封性。监测时，应在防喷装置处安装套管、阀门和水压力表。水压力监测装置可参考本指南附录 D.0.7。

  3 监测精度不宜低于 0.01MPa。

5.2.16 围岩温度采用下列方法和要求实施监测：

  1 测点宜与其他监测项目测点布置在同一断面；每监测断面不宜少于 1 个测孔，每测孔不宜少于 3 个测点。

  2 测孔深度应根据围岩温度场、最大冻结深度确定，钻孔安装后应及时封孔。

  3 可采用温度计进行监测。监测精度不宜低于 0.1℃。

5.3 渗漏水

5.3.1 渗漏水位置测点宜布置在渗漏水中心区，可采用钢卷尺等测量渗漏水中心区与墙底线的距离。

5.3.2 渗漏水面积采用下列方法和要求实施监测：

  1 宜采用红外热像仪等成像设备进行监测，也可采用钢卷尺等直接测量。

  2 采用红外热像仪等成像设备监测时，每次测量的焦距、方位和距离应保持一致。

5.3.3 渗漏水量采用下列方法和要求实施监测：

1 渗漏水滴落速度小于0.2L/min时,宜采用容积法进行监测;渗漏水滴落速度大于0.2L/min时,宜采用流速法进行监测。

2 采用容积法监测时,隧道拱部出现明显滴漏和连续渗流,可采用有刻度的容器收集测量,计算24h的渗漏水量。

3 采用流速法监测时,应将渗漏水引入排水沟中,利用流量计监测。测速沟槽长度不宜小于15m的直线段,断面应一致,并保持一定纵坡。

4 监测精度不宜低于5%。

5.3.4 渗漏水浑浊状态监测,可采用容器收集渗漏水进行目测,按浑浊程度可分为透明、浑浊和明显浑浊3种。

5.3.5 渗漏水pH值监测可采用容器收集渗漏水,利用pH试纸或pH测定仪测定。

5.3.6 渗漏水水质监测可采用分光光度计、气相色谱仪、浊度计、余氯测定仪等,必要时,应送专业水质检测机构进行详细的水质分析。

5.3.7 周边位移、拱顶下沉、衬砌应力、水压力监测技术要求应分别符合本指南第5.2.7条、第5.2.8条、第5.2.14条和第5.2.15条的规定。

5.4 衬砌起层剥落

5.4.1 衬砌起层剥落位置测点宜布置在起层剥落中心,可采用钢卷尺等测量起层剥落中心与墙底线的距离。

5.4.2 衬砌起层剥落面积可采用坐标网格板进行量测,也可采用成像设备进行监测。监测精度不宜低于$0.001m^2$。

5.4.3 衬砌起层剥落深度测点应布置在最深处,可采用游标卡尺和直尺直接量测。测量时宜将直尺沿隧道轴线放置,用游标卡尺测量最深处深度。监测精度不宜低于5mm。

5.4.4 周边位移、拱顶下沉和衬砌应力监测技术要求应分别符合本指南第5.2.7条、第5.2.8条和第5.2.14条的规定。

5.5 路面与仰拱隆沉

5.5.1 路面隆沉采用下列方法和要求实施监测:

1 测点宜布置在路面隆沉最大处及两侧。

2 基准点或工作基点的布设应符合本指南第5.2.8条第2款的规定。

3 可采用水准仪、全站仪、测量机器人进行监测,监测技术要求应符合本指南第5.2.8条第4款、第5.2.7第6款的规定。

4 监测精度不宜低于1mm。

5.5.2 仰拱隆沉采用下列方法和要求实施监测:

1 宜在路面隆沉最大处及两侧布置1~3个测孔,测点宜布设在介质分层处,也可等间距布设;测孔及测点布置可参考本指南附录D.0.8。

2 基准点或工作基点的布设应符合本指南第5.2.8条第2款的规定。

3 人工监测可采用分层沉降仪、多点位移计，自动化监测宜采用多点位移计。

4 采用分层沉降仪监测时，应钻孔埋设沉降管，并在各测点处安装沉降磁环、弹簧片，磁环、弹簧片应与周边介质黏结固定。各测点相对管口的隆沉值应取进程和回程两次观测的平均值，并结合管口高程水准测量结果，计算各测点隆沉量。

5 采用多点位移计监测时，应钻孔埋设多点位移计，多点位移计锚头应与周边介质黏结固定；测杆连接牢固，测杆相对测杆护管滑动灵活。人工监测时，采用游标卡尺量测测杆顶部与安装基座的相对位移，结合安装基座的高程水准测量结果，计算各测点的隆沉量；自动化监测时，应结合安装基座的高程水准测量结果，计算各测点的隆沉量。

6 监测精度不宜低于1mm。

5.5.3 周边位移、墙脚沉降、水压力、围岩温度监测技术要求应分别符合本指南第5.2.7条、第5.2.9条、第5.2.15条、第5.2.16条的规定。

5.6 严重不良地质地段

5.6.1 周边位移、拱顶下沉、衬砌应力、水压力、围岩温度监测技术要求应分别符合本指南第5.2.7条、第5.2.8条、第5.2.14条、第5.2.15条、第5.2.16条的规定。

5.7 监测频率

5.7.1 监测频率应能满足系统反映监测项目重要变化过程而又不遗漏其变化时刻的要求。

5.7.2 人工监测应按表5.7.2-1和表5.7.2-2确定监测频率，并取较大值实施；自动化监测频率应依据监测需求确定，且不应低于人工监测的实施要求。

表5.7.2-1 按监测等级确定的长期监测频率

长期监测等级	一级	二级	三级
监测频率	1～2次/月	2～3次/周	1～2次/d

表5.7.2-2 按日变化量确定的长期监测频率

监测项目	日变化量	监测频率
裂缝宽度	<0.02mm/d	1～2次/月
	0.02～0.1mm/d	1～3次/周
	≥0.1mm/d	1～3次/d
裂缝长度	<0.01m/d	1～2次/月
	0.01～0.05m/d	1～3次/周
	≥0.05m/d	1～3次/d
渗漏水量	<0.1L/m²/d	1～2次/月
	0.1～1L/m²/d	1～3次/周
	>1L/m²/d	1～3次/d

表 5.7.2-2（续）

监测项目	日变化量	监测频率
衬砌起层剥落面积	$<0.0001m^2/d$	1～2次/月
	$0.0001～0.001m^2/d$	1～3次/周
	$>0.001m^2/d$	1～3次/d
衬砌起层剥落深度	$<0.2mm/d$	1～2次/月
	$0.2～1mm/d$	1～3次/周
	$\geqslant 1mm/d$	1～3次/d
错台量、路面隆沉、仰拱隆沉、周边位移、拱顶下沉、墙脚沉降、隧道整体位移、洞门位移	$<0.2mm/d$	1～2次/月
	$0.2～1mm/d$	1～3次/周
	$\geqslant 1mm/d$	1～3次/d
洞口边仰坡变形、地层水平位移	$<0.2mm/d$	1～2次/月
	$0.2～1mm/d$	1～3次/周
	$\geqslant 1mm/d$	1～3次/d
衬砌应力、温度	$<0.02MPa/d$	1～2次/月
	$0.02～0.1MPa/d$	1～3次/周
	$\geqslant 0.1MPa/d$	1～3次/d
水压力	$<0.01MPa/d$	1～2次/月
	$0.01～0.05MPa/d$	1～3次/周
	$\geqslant 0.05MPa/d$	1～3次/d

5.7.3 出现下列情况之一，应适当调整监测频率：

1 监测数据达到预警标准。

2 邻近工程施工、超载、振动等周边环境条件发生较大改变。

3 极端降雨天气。

4 有危险征兆。

5 监测数据趋于稳定时，可适当减小监测频率。

条文说明：各监测项目的稳定评价标准应根据监测等级、养护等级，并结合经验确定。变形类监测项目稳定标准可取最后100d变化状态小于0.01mm/d，受力类监测项目的稳定标准可取最后100d应力变化状态小于0.01MPa/d，裂缝宽度监测稳定标准可取最后100d平均变化状态小于0.001mm/d。

6 数据分析与管理

6.1 一般规定

6.1.1 长期监测数据应及时进行分析和反馈,建立完备的预警管理制度和畅通的信息反馈渠道。

6.1.2 监测数据分析前,应进行基础资料的整理。

条文说明:基础资料包括工程地质和水文地质资料、施工及运营期监测检查数据、长期监测方案、监测仪器和传感器信息档案、控制点及测点的变动修正资料、外业观测记录、影像资料等。

6.1.3 长期监测数据应进行可靠性检验和误差分析,保证数据的可靠性和完整性。

6.1.4 数据分析可采用比较法、作图法、特征值统计法、数值模拟计算法等。

条文说明:比较法是指对监测值与预警值、被监测隧道与以往类似工程、监测值与理论研究或试验成果等进行比较;作图法是指绘制监测项目日变化量、累计变化量时程曲线、不同测点监测数据空间分布曲线、病害或隐患展布图等;特征值统计法是指对历年监测的最大值、最小值、变幅、周期、年平均值、年变化率等特征值进行统计分析;数值模拟计算法是指根据隧道的地质条件、结构参数等建立力学模型,结合实际监测数据进行反演和计算分析。

比较法、作图法常用于初步分析,确定监测数据变化原因和规律;特征值统计法、数值模拟计算法常用于系统分析,以建立各监测项目之间的相关性,辅助隧道结构安全状态评价。

6.1.5 数据分析结果应包含各监测项目的日变化量、累计变化量、时程曲线、发展趋势及不同监测项目的相关性等。

条文说明:日变化量是监测数据的每日变化量,监测频率较低时,可采用相邻两次的变化量与天数比值作为日变化量。

6.1.6 应根据数据分析结果进行分级预警。

6.1.7 长期监测成果资料宜采用信息化管理,并纳入养护技术档案。

6.2 数据分析

6.2.1 裂缝监测数据分析应符合下列规定:

1 分析裂缝长度、宽度、错台量的日变化量和累计变化量,绘制监测数据时程曲线,分析其随时间的变化规律,预测发展趋势。

2 分析周边位移、拱顶下沉、衬砌应力等监测项目的日变化量和累计变化量,绘制监测数据时程曲线、结构各测点数据平面分布图、围岩温度场,预测发展趋势。采用特征值统计法、数值模拟计算法等,建立衬砌应力、变形与外荷载、围岩温度的关系。

条文说明:外荷载指洞口偏压或地层滑移段、松散围岩、膨胀性围岩、冻土等隧道结构所承受的边坡下滑力、松弛压力、膨胀性土压、冻胀力等。

3 分析裂缝长度、宽度、错台量与周边位移、拱顶下沉、衬砌应力、洞门位移、边仰坡变形、隧道整体位移、地层水平位移、墙脚沉降、水压力、围岩温度的关系,结合基础资料,判断裂缝成因。

6.2.2 渗漏水监测数据分析应符合下列规定:

1 分析渗漏水面积、渗漏水量的日变化量和累计变化量,绘制监测数据时程曲线,分析渗漏水面积、渗漏水量和浑浊状态随时间的变化规律,预测发展趋势。

2 根据 pH 值、水质监测数据,分析渗漏水腐蚀性及其对衬砌劣化、钢筋锈蚀的影响。

3 分析水压力、周边位移、拱顶下沉、衬砌应力的日变化量和累计变化量,绘制监测数据时程曲线、结构各测点数据平面分布图,预测发展趋势。采用特征值统计法、数值模拟计算法等,建立衬砌应力、变形与水压力的关系。

4 分析渗漏水面积、渗漏水量与水压力的关系,结合基础资料,判断渗漏水成因及水力联系。

6.2.3 衬砌起层剥落分析应符合下列规定:

1 分析起层剥落面积、深度的日变化量和累计变化量,绘制监测数据时程曲线,分析其随时间的变化规律,预测发展趋势。

2 分析周边位移、拱顶下沉、衬砌应力的日变化量和累计变化量,绘制监测数据时程曲线、结构各测点数据平面分布图,预测发展趋势。

3 分析起层剥落面积、深度与周边位移、拱顶下沉、衬砌应力的关系,结合基础资料,判断起层剥落成因。

6.2.4 路面与仰拱隆沉分析应符合下列规定:

1 分析路面隆沉、仰拱隆沉的日变化量和累计变化量,绘制监测数据时程曲线、结构各测点数据平面或剖面分布图,分析其随时间的变化规律,预测发展趋势。

2 分析周边位移、墙脚沉降、水压力、围岩温度的日变化量和累计变化量,绘制监测数据时程曲线、结构各测点数据平面分布图,预测发展趋势。采用特征值统计法、数值模拟计算法等,建立衬砌变形与水压力、围岩温度的关系。

3 分析路面隆沉、仰拱隆沉与周边位移、墙脚沉降、水压力、围岩温度的关系,结合基础资料,判断隆沉成因。

6.2.5 严重不良地质地段监测数据分析应符合下列规定:

1 分析周边位移、拱顶下沉、衬砌应力、围岩温度、水压力的日变化量、累计变化量,绘制监测数据时程曲线、结构各测点数据平面分布图、围岩温度场,分析监测数据随时间的变化规律,预测发展趋势。

2 采用特征值统计法、数值模拟计算法等,建立衬砌应力、变形与外荷载、围岩温度的关系,预测可能出现的病害或异常情况。

6.3 预警

6.3.1 公路隧道长期监测应明确监测项目的预警值,并符合下列规定:

1 监测项目预警值应根据土建结构技术状况、围岩条件、工程经验确定,必要时通过计算分析或专项评估确定。

2 监测项目预警值宜由监测项目的日变化量和累计变化量共同控制。

3 监测项目预警值应考虑结构原有变形或应力的影响。

6.3.2 公路隧道长期监测应根据工程特点、监测项目预警值、地方经验等制定监测预警等级和预警标准。无地方经验时,可按表6.3.2的规定执行。

表6.3.2 预警标准

预警等级	预警颜色	预警标准	响应策略
Ⅰ	橙色	监测值达到预警值的70%且不超过预警值	提高预警部位监测频率,尽快组织安全评估
Ⅱ	红色	监测值超过预警值	尽快实施处治

6.3.3 公路隧道长期监测应根据预警等级和预警标准建立预警管理制度,预警管理制度应包括不同预警等级的警情报送对象、时间、方式和流程等。

6.4 资料管理

6.4.1 长期监测成果资料应以单座隧道为单元,进行组卷、归档。

条文说明: 长期监测成果资料采用信息化管理手段,有助于推进大数据与结构服役状态的深度融合,进行隧道结构服役状态的分析、预测,为隧道养护维修提供科学依据。

6.4.2 应做好原始数据记录,记录表单可采用附录E的样式。

6.4.3 应根据监测频率确定监测报告组成。监测报告宜包括日报、警情快报、周报、月报、季报和总结报告,并符合下列规定:

1 日报应包括下列内容:

　1) 工程概况和当日天气情况;

　2) 监测项目及测点布置图;

　3) 监测项目日报表、时程曲线等;

　4) 监测数据的分析与说明;

　5) 结论与建议。

2 预警快报应包括下列内容:

　1) 警情发生的时间、地点、情况描述、严重程度等;

　2) 各监测项目的数据图表,包括日变化量、累计变化量、时程曲线、病害展布图和影像资料等;

　3) 警情原因初步分析;

　4) 警情处理措施建议。

3 周报、月报和季报应包括下列内容:

　1) 工程概况、天气和周边环境情况;

　2) 监测项目及测点布置图;

　3) 各监测项目的数据图表,包括日变化量、累计变化量、时程曲线、病害展布图和影像资料等;

　4) 监测数据的分析与说明;

　5) 病害成因分析;

6) 结论及建议。

4 总结报告应包括下列内容：

1) 工程概况；

2) 监测目的和依据；

3) 监测方案，包括监测项目、测点布置、监测方法、监测仪器和传感器、监测频率、数据分析方法和预警值等；

4) 各监测项目的数据图表，包括日变化量、累计变化量、时程曲线、病害展布图和影像资料等；

5) 监测数据的分析与说明；

6) 病害成因分析；

7) 结论。

附录 A 监测仪器和传感器选用表

表 A.0.1 监测仪器和传感器选用表

监测仪器、传感器	病害特征													结构受力、变形										
	裂缝位置方向	裂缝长度	裂缝宽度	错台量	渗漏水位置	渗漏水面积	渗漏水量	渗漏水浑浊状态	pH值	水质	起层剥落位置	起层剥落面积	起层剥落深度	周边位移	拱顶下沉	墙脚沉降	洞口边仰坡变形	隧道整体位移	洞门位移	地层水平位移	衬砌应力	路面与仰拱隆沉量	水压力	围岩温度
量角器	★																							
罗盘	★																							
钢卷尺		★		★	★	★																		
坐标网格板																								
千分尺			★																					
千分表			★	★																				
直尺		★		★																				
游标卡尺			★	★																				
裂缝计			★																					
测缝计			★	★																				
位移计		★	★											★										
测宽仪			★																					
成像设备						★		★			★	★	★											
有刻度的容器							★																	
流量计							★																	
pH试纸									★															
pH测定仪									★															
分光光度计、气相色谱仪、浊度计等										★														
收敛计														★										
全站仪														★	★	★	★	★	★	★		★		

表 A.0.1（续）

监测仪器、传感器	病害特征													结构受力、变形										
	裂缝位置方向	裂缝长度	裂缝宽度	错合量	渗漏水位置	渗漏水面积	渗漏水量	渗漏水浑浊状态	pH值	起层剥落位置	起层剥落面积	起层剥落深度	周边位移	拱顶下沉	墙脚沉降	洞口边仰坡变形	隧道整体位移	洞门位移	地层水平位移	衬砌应力	路面与仰拱隆沉量	水压力	围岩温度
测量机器人													★	★	★	★		★			★		
水准仪														★	★	★	★	★			★		
静力水准仪															★								
经纬仪																★		★					
激光测距仪													★										
激光垂准仪																		★					
光学垂准仪																		★					
倾斜仪																							
红外热像仪						★																	
三维激光扫描仪													★										
激光断面仪													★										
滑动式测斜仪																			★				
固定式测斜仪																			★				
分层沉降仪																					★		
多点位移计													★								★		
表面应变计																				★			
巴塞特收敛系统																							
GPS																★							
北斗卫星																★							
水压力表																						★	
温度计																							★

注：★—在相应监测项目下宜选用的监测仪器。

附录 B 监测仪器和传感器档案表

表 B.0.1 监测仪器和传感器档案表

工程名称：　　　　　　　　档案表编号：　　　　　　　天气：
监测仪器：　　　　　　　　传感器编号：　　　　　　　填表日期：　年　月　日

工程部位				仪器型号	
监测项目				量程	
测点编号				出厂编号	
安装参数	断面里程		仪器参数	生产厂家	
	安装部位			精度	
	安装日期			温度修正系数	
	安装前测值			率定参数	
	安装后测值			率定公式	
	其他			其他	
埋设示意图及说明					

监测单位：　　　　　　　　安装埋设人：　　　　　　　校核人：

附录 C 监测断面与测点编号

C.0.1 监测断面编号可取断面里程桩号,测点编号可按图 C.0.1 所示规则编制。监测项目代号、测点位置代号宜分别符合表 C.0.1-1、表 C.0.1-2 的规定。

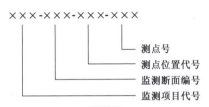

图 C.0.1 测点编号组成

表 C.0.1-1 监测项目代号

监测项目	代号	监测项目	代号
衬砌裂缝	CQF	周边位移	ZBW
洞门裂缝	DMF	隧道整体位移	ZTW
渗漏水	SLS	洞门位移	DMW
衬砌起层剥落	CQB	洞口边仰坡变形	BPW
路面隆沉	LMC	衬砌应力	CQL
仰拱隆沉	YGC	水压力	SYL
拱顶下沉	GDC	围岩温度	WYW
墙脚沉降	QJC		

表 C.0.1-2 测点位置代号

测点位置	代号	测点位置	代号
拱顶	GD	左墙脚	ZJ
左拱腰	ZY	右墙脚	YJ
右拱腰	YY	仰拱	YG

附录 D 测点布置与监测装置图

D.0.1 裂缝宽度测点布置可参考图 D.0.1。

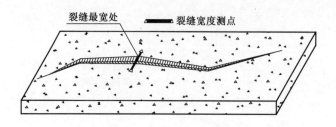

图 D.0.1 裂缝宽度测点布置示意图

D.0.2 拱顶下沉、周边位移测点布置可参考图 D.0.2。

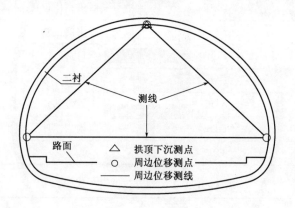

图 D.0.2 拱顶下沉、周边位移测点测线布置示意图

D.0.3 洞口边仰坡变形测点布置可参考图 D.0.3。

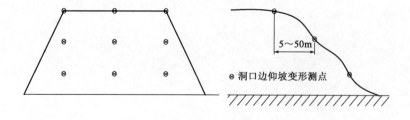

图 D.0.3 洞口边仰坡变形测点布置示意图

D.0.4 隧道整体位移测点布置可参考图 D.0.4。

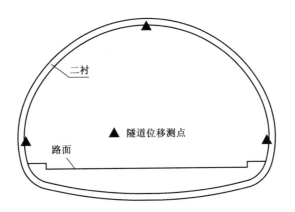

图 D.0.4 隧道整体位移测点布置示意图

D.0.5 地层水平位移测点布置可参考图 D.0.5。

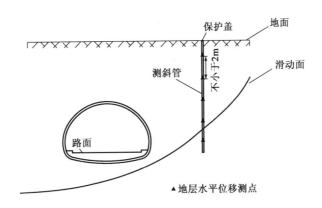

图 D.0.5 地层水平位移测点布置示意图

D.0.6 衬砌应力测点布置可参考图 D.0.6。

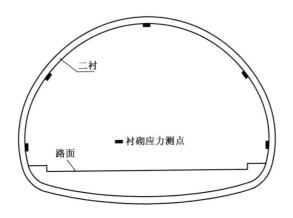

图 D.0.6 衬砌应力测点布置示意图

D.0.7 监测水压力时,钻孔装置和监测装置可参考图 D.0.7。

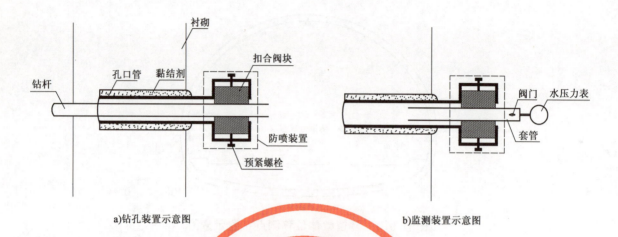

a)钻孔装置示意图　　　　　　　　b)监测装置示意图

图 D.0.7　水压力监测装置示意图

D.0.8 仰拱隆沉测点布置可参考图 D.0.8。

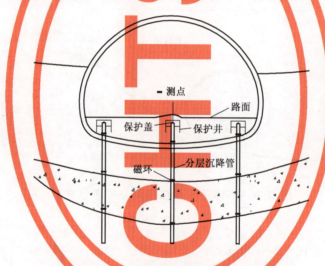

图 D.0.8　仰拱隆沉测点布置示意图

附录 E 监测报表

E.0.1 裂缝（错台）特征监测报表可参考表 E.0.1。

表 E.0.1 裂缝（错台）特征监测报表　　　　第　页 共　页

工程名称：				报表编号：			天气：		温度：	
监测仪器编号：				传感器编号：			填表日期：		年 月 日	

断面里程	裂缝编号	监测项目	初始值	上次测值	本次测值	本次变化量	本次变化速率	累计变化量
		位置(mm)						
		宽度(mm)						
		长度(mm)						
		错台量(mm)						
		方向(°)						
		位置(mm)						
		宽度(mm)						
		长度(mm)						
		错台量(mm)						
		方向(°)						
		位置(mm)						
		宽度(mm)						
		长度(mm)						
		错台量(mm)						
		方向(°)						

当日监测的简要分析及判断性结论：

现场监测人：　　　　　　　　　　计算人：　　　　　　　　　　校核人：
监测项目负责人：　　　　　　　　监测单位：

E.0.2 渗漏水特征监测报表可参考表E.0.2。

表 E.0.2 渗漏水特征监测报表　　　　　第　页　共　页

工程名称：　　　　　　　　报表编号：　　　　　天气：　　　温度：
监测仪器编号：　　　　　　传感器编号：　　　　　填表日期：　年　月　日

断面里程	测点编号	监测项目	初始值	上次测值	本次测值	本次变化量	本次变化速率	累计变化量
		位置(mm)						
		面积(mm^2)						
		水量(L)						
		浑浊状态						
		pH值						
		位置(mm)						
		面积(m^2)						
		水量(L)						
		浑浊状态						
		pH值						
		位置(mm)						
		面积(m^2)						
		水量(L)						
		浑浊状态						
		pH值						
		位置(mm)						
		面积(m^2)						
		水量(L)						
		浑浊状态						
		pH值						
当次监测的简要分析及判断性结论：								

现场监测人：　　　　　　　　　　　　计算人：　　　　　　　　　　校核人：
监测项目负责人：　　　　　　　　　　监测单位：

E.0.3 衬砌起层剥落特征监测报表可参考表 E.0.3。

表 E.0.3 衬砌起层剥落特征监测报表　　　第　页　共　页

工程名称：　　　　　　　　　报表编号：　　　　　天气：　　　　温度：
监测仪器编号：　　　　　　　传感器编号：　　　　填表日期：　年　月　日

断面里程	测点编号	监测项目	初始值	上次测值	本次测值	本次变化量	本次变化速率	累计变化量
		位置(mm)						
		面积(mm²)						
		深度(mm)						
		位置(mm)						
		面积(mm²)						
		深度(mm)						
		位置(mm)						
		面积(mm²)						
		深度(mm)						
		位置(mm)						
		面积(mm²)						
		深度(mm)						
		位置(mm)						
		面积(mm²)						
		深度(mm)						

当次监测的简要分析及判断性结论：

现场监测人：　　　　　　　　　计算人：　　　　　　　校核人：
监测项目负责人：　　　　　　　监测单位：

E.0.4 周边位移、拱顶下沉、墙脚沉降、路面隆沉监测报表可参考表E.0.4。

表 E.0.4 _____监测报表　　　　　　第　页　共　页

工程名称：　　　　　　　　报表编号：　　　　天气：　　　　温度：
监测仪器编号：　　　　　　传感器编号：　　　　填表日期：　年　月　日

断面里程	测点(测线)编号	初始值(mm)	上次测值(mm)	本次测值(mm)	本次变化量(mm)	本次变化速率(mm/d)	累计变化量(mm)

当次监测的简要分析及判断性结论：

现场监测人：　　　　　　　　　　　计算人：　　　　　　　　校核人：
监测项目负责人：　　　　　　　　　监测单位：

T/CHTS 10021—2020

E.0.5 洞口边仰坡变形、隧道整体位移监测报表可参考表E.0.5。

表 E.0.5 _____ 监测报表　　　　第 页 共 页

工程名称：　　　　　　　　　报表编号：　　　　　　天气：　　　　温度：
监测仪器编号：　　　　　　　传感器编号：　　　　　　填表日期：　年 月 日

断面里程	测点编号	分量	初始值（mm）	上次测值（mm）	本次测值（mm）	本次变化量（mm）	本次变化速率（mm/d）	累计变化量（mm）
		竖向位移						
		水平位移						
		竖向位移						
		水平位移						
		竖向位移						
		水平位移						
		竖向位移						
		水平位移						
		竖向位移						
		水平位移						
当次监测的简要分析及判断性结论：								

现场监测人：　　　　　　　　　计算人：　　　　　　　校核人：
监测项目负责人：　　　　　　　监测单位：

E.0.6 洞门位移监测报表可参考表 E.0.6-1、表 E.0.6-2。

表 E.0.6-1 洞门位移监测报表　　　　第 页 共 页

工程名称：　　　　　　　　　　报表编号：　　　　　　天气：　　　　温度：
监测仪器编号：　　　　　　　　传感器编号：　　　　　　填表日期：　年 月 日

断面里程	测点编号	分量	初始值（mm）	上次测值（mm）	本次测值（mm）	本次变化量（mm）	本次变化速率（mm/d）	累计变化量（mm）
		竖向位移						
		水平位移						
		竖向位移						
		水平位移						
		竖向位移						
		水平位移						
		竖向位移						
		水平位移						

当次监测的简要分析及判断性结论：

现场监测人：　　　　　　　　　　　　　　计算人：　　　　　　　　　　校核人：
监测项目负责人：　　　　　　　　　　　　监测单位：

表 E.0.6-2 洞门倾斜监测报表　　　　　第　页　共　页

工程名称：　　　　　　　　　　　报表编号：　　　　　　天气：　　　温度：
监测仪器编号：　　　　　　　　　传感器编号：　　　　　填表日期：　年　月　日

断面里程	测点编号	分量	初始值（mm）	上次测值（mm）	本次测值（mm）	本次变化量（mm）	本次变化速率（mm/d）	累计变化量（mm）
		偏移量（mm）						
		倾斜度（°）						
		偏移量（mm）						
		倾斜度（°）						
		偏移量（mm）						
		倾斜度（°）						
		偏移量（mm）						
		倾斜度（°）						
		偏移量（mm）						
		倾斜度（°）						

当次监测的简要分析及判断性结论：

现场监测人：　　　　　　　　　　计算人：　　　　　　　　校核人：
监测项目负责人：　　　　　　　　监测单位：

E.0.7 地层水平位移、仰拱隆沉监测报表可参考表 E.0.7。

表 E.0.7 _____ 监测报表　　　　　　第 页 共 页

工程名称：　　　　　　　　　报表编号：　　　　　天气：　　　温度：
监测仪器编号：　　　　　　　传感器编号：　　　　填表日期： 年 月 日

断面里程	测点编号		初始值（mm）	上次测值（mm）	本次测值（mm）	本次变化量（mm）	本次变化速率（mm/d）	累计变化量（mm）
测孔编号	管顶(管口)测点							
	测点							
	测点							
	测点							
测孔编号	管顶(管口)测点							
	测点							
	测点							
	测点							
测孔编号	管顶(管口)测点							
	测点							
	测点							
	测点							

当次监测的简要分析及判断性结论：

现场监测人：　　　　　　　　　计算人：　　　　　　　　校核人：
监测项目负责人：　　　　　　　监测单位：

E.0.8 衬砌应力、水压力监测报表可参考表 E.0.8。

表 E.0.8 _____监测报表　　　　　　　　　第　页　共　页

工程名称：　　　　　　　　　报表编号：　　　　　　　天气：　　　　温度：
监测仪器编号：　　　　　　　传感器编号：　　　　　　填表日期：　年　月　日

断面里程	测点编号	初始值（MPa）	上次测值（MPa）	本次测值（MPa）	本次变化量（MPa）	本次变化速率（MPa/d）	累计变化量（MPa）

当次监测的简要分析及判断性结论：

现场监测人：　　　　　　　　　　　计算人：　　　　　　　　　　校核人：
监测项目负责人：　　　　　　　　　监测单位：

E.0.9 围岩温度监测报表可参考表 E.0.9。

表 E.0.9 围岩温度监测报表　　　　　　第　页　共　页

工程名称：　　　　　　　　　报表编号：　　　　　天气：　　　　温度：
监测仪器编号：　　　　　　　传感器编号：　　　　填表日期：　年　月　日

断面里程	测点编号	初始值（℃）	上次测值（℃）	本次测值（℃）	本次变化量（℃）	本次变化速率（℃/d）	累计变化量（℃）

当次监测的简要分析及判断性结论：

现场监测人：　　　　　　　　　计算人：　　　　　　　校核人：
监测项目负责人：　　　　　　　监测单位：

用 词 说 明

1 本指南执行严格程度的用词,采用下列写法:

1) 表示严格,在正常情况下均应这样做的用词,正面词采用"应",反面词采用"不应"或"不得"。

2) 表示允许稍有选择,在条件许可时首先应这样做的用词,正面词采用"宜",反面词采用"不宜"。

3) 表示有选择,在一定条件下可以这样做的用词,采用"可"。

2 引用标准的用语采用下列写法:

1) 在标准条文及其他规定中,当引用的标准为国家标准或行业标准时,应表述为"应符合《××××××》(×××)的有关规定"。

2) 当引用标准中的其他规定时,应表述为"应符合本指南第×章的有关规定""应符合本指南第×.×节的有关规定""应按本指南第×.×.×条的有关规定执行"。